BEI GRIN MACHT SICH IHR WISSEN BEZAHLT

- Wir veröffentlichen Ihre Hausarbeit, Bachelor- und Masterarbeit

- Ihr eigenes eBook und Buch - weltweit in allen wichtigen Shops

- Verdienen Sie an jedem Verkauf

Jetzt bei www.GRIN.com hochladen und kostenlos publizieren

Bibliografische Information der Deutschen Nationalbibliothek:

Die Deutsche Bibliothek verzeichnet diese Publikation in der Deutschen Nationalbibliografie; detaillierte bibliografische Daten sind im Internet über http://dnb.d-nb.de/ abrufbar.

Dieses Werk sowie alle darin enthaltenen einzelnen Beiträge und Abbildungen sind urheberrechtlich geschützt. Jede Verwertung, die nicht ausdrücklich vom Urheberrechtsschutz zugelassen ist, bedarf der vorherigen Zustimmung des Verlages. Das gilt insbesondere für Vervielfältigungen, Bearbeitungen, Übersetzungen, Mikroverfilmungen, Auswertungen durch Datenbanken und für die Einspeicherung und Verarbeitung in elektronische Systeme. Alle Rechte, auch die des auszugsweisen Nachdrucks, der fotomechanischen Wiedergabe (einschließlich Mikrokopie) sowie der Auswertung durch Datenbanken oder ähnliche Einrichtungen, vorbehalten.

Impressum:

Copyright © 2015 GRIN Verlag, Open Publishing GmbH
Druck und Bindung: Books on Demand GmbH, Norderstedt Germany
ISBN: 9783656942207

Dieses Buch bei GRIN:

http://www.grin.com/de/e-book/295734/normgerechtes-falten-einer-din-a1-zeichnung-nach-din-824-a-unterweisung

Markus Lüersmann

Normgerechtes Falten einer DIN-A1-Zeichnung nach DIN 824 - A (Unterweisung Technische/r Produktdesigner/in)

GRIN Verlag

GRIN - Your knowledge has value

Der GRIN Verlag publiziert seit 1998 wissenschaftliche Arbeiten von Studenten, Hochschullehrern und anderen Akademikern als eBook und gedrucktes Buch. Die Verlagswebsite www.grin.com ist die ideale Plattform zur Veröffentlichung von Hausarbeiten, Abschlussarbeiten, wissenschaftlichen Aufsätzen, Dissertationen und Fachbüchern.

Besuchen Sie uns im Internet:

http://www.grin.com/

http://www.facebook.com/grincom

http://www.twitter.com/grin_com

Unterweisungsentwurf zur Ausbildereignungsprüfung gemäß AEVO

Normgerechtes Falten einer DIN-A1-Zeichnung nach DIN 824 - A

Ausbildungsberuf:	Technische(r) Produktdesigner(in)
Verfasser:	Markus Lüersmann
Prüfungsdatum:	02.04.2015
Prüfungsort:	IHK Osnabrück – Emsland – Grafschaft Bentheim

Inhaltsverzeichnis

1 Einordnung des Themas in die Ausbildungsverordnung 3
   1.1 Vorangegangene Unterweisung 3
   1.2 Thema der aktuellen Unterweisung 3
   1.3 Thema der nächsten Unterweisung 3

2 Adressatenanalyse 3

3 Lernziele 4
   3.1 Richtlernziel 4
   3.2 Groblernziel 4
   3.3 Feinlernziele 4
      3.3.1 Kognitiver Lernbereich 4
      3.3.2 Affektiver Lernbereich 5
      3.3.3 Psychomotorischer Lernbereich 5
      3.3.4 Schlüsselqualifikationen 5

4 Didaktisch-methodische Planung 6
   4.1 Begrüßung 6
   4.2 Unterweisungsablauf und -methode 6
   4.3 Lernzielkontrolle 7
   4.4 Abschluss der Unterweisung 7

5 Benötigte Hilfsmittel 8

1 Einordnung des Themas in die Ausbildungsverordnung

1.1 Vorangegangene Unterweisung
Ausbildungsverordnung über die Berufsausbildung zum/zur Technischen Produktdesigner(in)
§ 4, Absatz 2, Abschnitt A, Nr. 2c:
„Zeichnungen ableiten und erstellen"

1.2 Thema der aktuellen Unterweisung
Ausbildungsverordnung über die Berufsausbildung zum/zur Technischen Produktdesigner(in)
§ 4, Abschnitt A, Absatz 2, Nr. 1a:
„Normvorgaben zur Erstellung technischer Zeichnungen berücksichtigen"

1.3 Thema der nächsten Unterweisung
Ausbildungsverordnung über die Berufsausbildung zum/zur Technischen Produktdesigner(in)
§ 4, Abschnitt A, Absatz 2, Nr. 1i:
„Stücklisten, Tabellen, Diagramme, Handbücher und Bedienungshinweise verwenden"

2 Adressatenanalyse

Der Auszubildende Marco, 17 Jahre alt, hat den ersten Tag in der Konstruktionsabteilung, indem der Ausbilder arbeitet, um dort seinen Bildungshorizont im Bereich Technisches Zeichnen zu erweitern.

Als Schulabschluss hat er die mittlere Reife als einer der Jahrgangsbesten erworben und strebt nach seiner Berufsausbildung zum Technischen Produktdesigner eine Weiterbildung zum Techniker an. Momentan befindet er sich im 1. Ausbildungsjahr und ist seit 6 Monaten im Unternehmen beschäftigt.

Seine Hobbys sind Fußball und Schach. Zudem gibt er Nachhilfe in seinen Lieblingsfächern Mathematik und Physik.

Marco hat bereits eine benachbarte Konstruktionsabteilung besucht und bringt ein gutes räumliches Denkvermögen mit sich.

Für diese Unterweisung hat er noch keine Vorkenntnisse.

3 Lernziele

3.1 Richtlernziel
Ausbildungsverordnung über die Berufsausbildung zum/zur Technischen Produktdesigner(in)
§ 4, Abschnitt A, Absatz 2, Nr. 1:

„Erstellen und Anwenden technischer Dokumente"

3.2 Groblernziel
Ausbildungsverordnung über die Berufsausbildung zum/zur Technischen Produktdesigner(in)
§ 4, Abschnitt A, Absatz 2, Nr. 1a:

„Normvorgaben zur Erstellung technischer Zeichnungen berücksichtigen"

Unterweisungsthema: Normgerechtes Falten einer DIN-A1-Zeichnung nach DIN 824 - A

3.3 Feinlernziele
Feinlernziele sind alle aus dem Groblernziel selbst abgeleiteten Kenntnisse und Fertigkeiten, die durch die Unterweisung erlangt werden sollen. Sie lassen sich den folgenden Lernbereichen zuordnen und sollen verschiedene Schlüsselqualifikationen fördern:

3.3.1 Kognitiver Lernbereich
Die Grundlagen des normgerechten Faltens werden gelernt und der Auszubildende sieht die korrekte Anwendung dieser Technik.

Der Auszubildende erkennt den Sinn des Faltens von Zeichnungen und weiß, welche Materialien dazu notwendig sind.

Er kennt darüber hinaus die Voraussetzungen für normgerechtes Falten und worauf bei der korrekten Durchführung des Faltens geachtet werden muss.

3.3.2 Affektiver Lernbereich

Die Bereitschaft zum selbstständigen und ordnungsgemäßen Arbeiten wird gefördert. Außerdem wird der Nutzen von grundlegenden Techniken wie der regelmäßigen Säuberung der Hände erkannt.

Der Auszubildende wird durch die eigenverantwortliche Übernahme einer Aufgabe motiviert. Des Weiteren wird der Auszubildende zur gewissenhaften Verinnerlichung einer Norm motiviert, die jedem Produktdesigner am Herzen liegen sollte.

3.3.3 Psychomotorischer Lernbereich

Insbesondere werden die Fingerfertigkeiten bei der Falttechnik gefördert.

Der sachgerechte Umgang mit Arbeitsmitteln (Lineal, Locher) wird geübt.

Durch die sichere Ausführung dieser Tätigkeit erlangt der Auszubildende Selbstsicherheit und Selbstvertrauen und kann diese Aufgabe später eigenverantwortlich übernehmen.

3.3.4 Schlüsselqualifikationen

Durch die Unterweisung wird die **Handlungskompetenz** des Auszubildenden gefördert. Selbstständiges und selbstgesteuertes Lernen sind Ziele der Handlungskompetenz, welche durch eigenständiges Anwenden des Unterweisungsinhalts erreicht werden.

Die Fachkompetenz wird durch das theoretische Wissen und das korrekte, praktische Anwenden der Faltmethode nach DIN-Norm gefördert und trägt zur Basis einer soliden fachpraktischen und fachtheoretischen Berufsausbildung bei.

Die Methodenkompetenz wird durch den Transfer der Faltmethode und das selbstständige Anwenden verbessert. Diese Kompetenz zeichnet sich allgemein dadurch aus, Fachwissen selbstständig zu beschaffen sowie Arbeitsvorgänge zu erproben und anzuwenden.

Die Sozialkompetenz wird durch den Dialog und das gemeinsame Erarbeiten der Aufgabe unterstützt. Kommunikative und kooperative Fähigkeiten werden folglich ausgebaut, um auf die spätere Team- und Projektarbeit vorzubereiten.

4 Didaktisch-methodische Planung

Unterweisungsdauer: 15 Minuten

4.1 Begrüßung

Der Ausbilder begrüßt den Auszubildenden und bietet ihm das „Du" an. Es wird nach dem Befinden und ebenfalls nach privaten Aktivitäten gefragt, um eine angenehme Atmosphäre zu schaffen.

4.2 Unterweisungsablauf und -methode

Methodisch wird die **Vier-Stufen-Methode** verwendet, weil der Auszubildende eine in der Berufspraxis typische Vorgehensweise erlernen soll, die stets nach einem vorgegebenen Muster abläuft.

1. **Vorbereitung**

    Der Ausbilder erklärt den Grund für die Unterweisung und motiviert den Auszubildenden zum Mitmachen.

    Motivation wird durch nicht normgerechte, gefaltete Zeichnungen neben einem Ordner erweckt, da jene nicht in diesen passen. Die Notwendigkeit des Faltens wird dadurch verdeutlicht und das Lernziel des selbstständigen Arbeitens wird genannt.

    Es wird als Sicherheitshinweis darauf hingewiesen, dass die Kanten scharf sind und daher Verletzungsgefahr besteht.

2. **Vormachen**

    Folgende Schritte werden durch den Ausbilder vorgeführt und erklärt:

    Die DIN-A1-Zeichnung wird vom Ausbilder normgerecht gefaltet und dem Auszubildenden werden während dessen einzelne Arbeitsschritte erklärt. Des Weiteren wird erörtert worauf bei der Zeichnungsfaltung zu achten ist.

    Auf diese Weise werden Hemmungen abgebaut, sowie die Motivation des Auszubildenden erhöht.

3. **Nachmachen**

Der Auszubildende erhält die Gelegenheit, die gezeigten Schritte selbst zu wiederholen und hierbei die einzelnen Schritte selbst zu erklären.

Die Arbeitsabläufe werden von dem Auszubildenden schrittweise nachgemacht. In unserem Unternehmen werden zur visuellen Unterstützung Faltlinien auf Zeichnungen größer DIN-A4 gedruckt.

Die Arbeitsschritte werden vom Ausbilder überwacht und gegebenenfalls wird eine Hilfestellung gegeben.

Der Auszubildende soll seine Vorgehensweise erläutern und begründen, sodass der Ausbilder feststellen kann, ob das vermittelte Wissen auch verinnerlicht werden konnte.

Die gefaltete Zeichnung wird vom Ausbilder auf Korrektheit überprüft und es wird zum Weitermachen motiviert, indem der Auszubildende bei erfolgreicher Durchführung gelobt wird.

4. **Üben**

Im Anschluss an die Unterweisung darf der Auszubildende DIN A1-Zeichnungen selbstständig falten. Dazu wird eine weitere Zeichnung bereitgestellt. Es wird nur eingegriffen, wenn eine Notwendigkeit besteht. Durch das Nachmessen mithilfe eines Lineals kann der Auszubildende selbstständig sein Ergebnis überprüfen.

Die Zeichnung wird gelocht und in einen Ordner geheftet.

Der Auszubildende wird für das Erreichen des Lernzieles gelobt.

4.3 Lernzielkontrolle

Die Unterweisung wird in eigenen Worten von dem Auszubildenden zusammengefasst. Falls diese nicht vollständig sein sollte, werden gezielte Nachfragen gestellt.

4.4 Abschluss der Unterweisung

Der Auszubildende wird für den Lernerfolg gelobt und für weitere Unterweisungen motiviert.

Es wird darum gebeten die Unterweisung im Berichtsheft festzuhalten.

5 Benötigte Hilfsmittel

- DIN-A1-Zeichnungen
- Locher
- Ordner
- Lineal (300 mm)

BEI GRIN MACHT SICH IHR WISSEN BEZAHLT

- Wir veröffentlichen Ihre Hausarbeit, Bachelor- und Masterarbeit

- Ihr eigenes eBook und Buch - weltweit in allen wichtigen Shops

- Verdienen Sie an jedem Verkauf

Jetzt bei www.GRIN.com hochladen und kostenlos publizieren